ABECEDÁRIO
DE AVES BRASILEIRAS

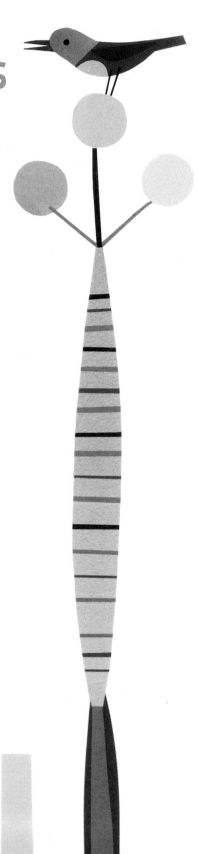

Copyright © 2009, Editora WMF Martins Fontes Ltda.,
São Paulo, para a presente edição.

1ª edição *2009*

Consultoria técnica e textos
Humberto Congo Júnior

Acompanhamento editorial
Helena Guimarães Bittencourt

Preparação do original
Renato da Rocha Carlos

Revisões gráficas
Luzia Aparecida dos Santos
Márcia Leme

Projeto gráfico
Katia Harumi Terasaka

Produção gráfica
Geraldo Alves

Impressão e acabamento
Yangraf Gráfica e Editora Ltda.

Dados Internacionais de Catalogação na Publicação (CIP)
(Câmara Brasileira do Livro, SP, Brasil)

Valério, Geraldo
   Abecedário de aves brasileiras / Geraldo Valério. – São
Paulo : Editora WMF Martins Fontes, 2009.

   ISBN 978-85-7827-121-3

   1. Aves – Brasil 2. Aves – Literatura infanto-juvenil I. Título.

09-04522   CDD-028.5

Índices para catálogo sistemático:
   1. Aves : Literatura infanto-juvenil   028.5

Todos os direitos desta edição reservados à
Editora WMF Martins Fontes Ltda.
Rua Conselheiro Ramalho, 330 01325-000 São Paulo SP Brasil
Tel. (11) 3241.3677 Fax (11) 3101.1042
e-mail: info@wmfmartinsfontes.com.br http://www.wmfmartinsfontes.com.br

ABECEDÁRIO DE AVES BRASILEIRAS

GERALDO VALÉRIO

wmf martinsfontes

SÃO PAULO 2009

PARA O NILTON, A DANIELA E O MARCOS.

ÍNDICE

PELO NOVO ACORDO ORTOGRÁFICO, AS LETRAS **K**, **W** E **Y** VOLTARAM A FAZER PARTE DO ALFABETO DA LÍNGUA PORTUGUESA. NO ENTANTO, NOS DICIONÁRIOS NÃO CONSTAM NOMES DE AVES COM ESSAS INICIAIS.

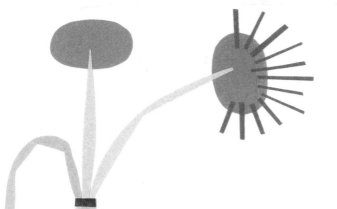

ARARA-AZUL

É A MAIOR ARARA DO MUNDO. ESTÁ AMEAÇADA
DE EXTINÇÃO, MAS AINDA PODE SER VISTA
PRINCIPALMENTE NO PANTANAL E NO CERRADO.

BEIJA-FLOR

ESSE PEQUENO PÁSSARO SÓ EXISTE NO CONTINENTE AMERICANO. SUAS ASAS BATEM MUITO DEPRESSA, POR ISSO ELE CONSEGUE FICAR PARADO NO AR ENQUANTO SE ALIMENTA DO NÉCTAR DAS FLORES.

CARCARÁ

ESSE GAVIÃO COSTUMA SER VISTO PERTO
DE ESTRADAS E DE ÁREAS QUEIMADAS DE TODO
O PAÍS. COME TANTO ANIMAIS MORTOS COMO
VIVOS. ELE ADORA ANDAR PELO
CHÃO AOS PULOS.

DANÇADOR

PARA ATRAIR A ATENÇÃO DA FÊMEA, O MACHO
REVELA-SE EXCELENTE CANTOR E DANÇARINO.
ESSA AVE É MAIS FREQUENTE NA AMAZÔNIA.

EMA

VIVE EM REGIÕES CAMPESTRES E DE CERRADO,
DESDE QUE HAJA ÁGUA, POIS ADORA TOMAR
BANHO. NÃO CONSEGUE VOAR, MAS CORRE MAIS
RÁPIDO QUE UMA BICICLETA.

FLAMINGO

SEU BICO CURVADO PARECE UM NARIZ DE BRUXA, E SUAS PERNAS COMPRIDAS TÊM JOELHOS QUE DOBRAM PARA TRÁS. ENCONTRA SEU ALIMENTO EM ÁGUA SALGADA E RASA. ALGUMAS ESPÉCIES PODEM SER VISTAS NOS EXTREMOS SUL E NORTE DO BRASIL.

GUARÁ

VIVE NOS MANGUEZAIS, ONDE ANDA COM O BICO DENTRO DA ÁGUA RASA À PROCURA DE CARANGUEJOS E CARAMUJOS. AINDA É ENCONTRADO NO LITORAL NORTE DO BRASIL E EM GRUPOS ISOLADOS NO SUDESTE.

HARPIA

UMA DAS MAIORES AVES DE RAPINA DO MUNDO.
SUAS GARRAS SÃO MAIORES QUE AS DO URSO.
COME ANIMAIS DE GRANDE PORTE, COMO
MACACOS. NO BRASIL, É ENCONTRADA
PRINCIPALMENTE NA AMAZÔNIA.

IRERÊ

GOSTA DE ASSOBIAR ENQUANTO VOA,
PRINCIPALMENTE EM NOITES DE CHUVA.
COME PLANTAS, INSETOS AQUÁTICOS E TAMBÉM
SEMENTES. EXISTE EM TODO O BRASIL.

JABURU

TAMBÉM CONHECIDO COMO TUIUIÚ, TEM UM BICO
ENORME E UMA MANCHA NO PESCOÇO QUE FICA
MAIS VERMELHA QUANDO ELE ESTÁ ANIMADO.
VIVE NAS MARGENS DE RIOS E LAGOS, SENDO
MUITO COMUM NO PANTANAL.

LAVADEIRA

POR FICAR NAS MARGENS DE RIOS E LAGOAS,
LEMBRA AS LAVADEIRAS DE ROUPA. TÍPICA DO
NORDESTE, HOJE JÁ PODE SER VISTA NO
RIO DE JANEIRO E INTERIOR DE SÃO PAULO.

MURUCUTUTU

UMA DAS MAIORES CORUJAS DO BRASIL,
COME INSETOS E ROEDORES E USA O NINHO
ABANDONADO POR OUTRAS AVES PARA
CHOCAR SEUS OVOS. ESTÁ PRESENTE EM
QUASE TODO O BRASIL.

NEI-NEI

O CANTO DESSE PÁSSARO SOA COMO SE FALASSE "NEINEI". OS MACHOS E AS FÊMEAS COSTUMAM CANTAR JUNTOS, MAS SEM NENHUM SINCRONISMO. PODE SER VISTO PRINCIPALMENTE NAS REGIÕES SUL, SUDESTE E NORTE DO BRASIL.

OLEIRO

COMO SEU NINHO É FEITO DE BARRO E LEMBRA UM
FORNO, É CONHECIDO COMO JOÃO-DE-BARRO OU
FORNEIRO. É ENCONTRADO EM QUASE TODA A
AMÉRICA DO SUL.

PERIQUITO

AS VÁRIAS ESPÉCIES PODEM SER VISTAS EM TODO O
BRASIL E EM OUTROS PAÍSES. OS PERIQUITOS
COSTUMAM VOAR EM GRUPOS GRANDES, FAZENDO
BASTANTE BARULHO.

QUERO-QUERO

ADORA CAMPOS ABERTOS E FAZ NINHOS NO CHÃO,
DEFENDENDO SEUS OVOS E FILHOTES COM BICADAS
NA CABEÇA DE QUEM SE APROXIMA.
É ENCONTRADO DESDE A AMÉRICA CENTRAL ATÉ O
SUL DA ARGENTINA.

RISADINHA

BEM PEQUENO, O RISADINHA RECEBE ESSE NOME
PORQUE, QUANDO CANTA, PARECE ESTAR RINDO.
VIVENDO À BEIRA DAS MATAS E ATÉ EM QUINTAIS,
PODE SER VISTO EM TODO O BRASIL.

SABIÁ

O SABIÁ ADORA CORRER E PULAR PELO CHÃO E É UM EXCELENTE CANTOR. SEU NOME VEM DO TUPI E SIGNIFICA "AQUELE QUE REZA MUITO". MAS É BASTANTE BRIGUENTO!

Tucano

AVE MUITO BONITA, FACILMENTE RECONHECIDA
POR SEU GRANDE BICO. EXISTEM VÁRIAS ESPÉCIES,
QUE VIVEM NAS AMÉRICAS CENTRAL E DO SUL.
COME PRINCIPALMENTE FRUTAS E PEQUENOS
ANIMAIS.

Urubu

É GRANDE E COSTUMA PLANAR PELO CÉU COMO ASA-DELTA. POR COMER CARNE ESTRAGADA, AJUDA A LIMPAR O MEIO AMBIENTE. É UMA AVE MUITO COMUM EM TODO O BRASIL.

VERÃO

TEM ESSE NOME PORQUE, NO VERÃO, O MACHO
FICA COM AS PENAS BEM VERMELHAS. TAMBÉM
CONHECIDO COMO PRÍNCIPE, VIAJA TODOS OS
ANOS PARA O PANTANAL E A AMAZÔNIA.

Xexéu

ESSE PASSARINHO FAZ MUITOS NINHOS EM UMA
MESMA ÁRVORE, QUASE UM CONDOMÍNIO!
É EXCELENTE IMITADOR DO SOM DE OUTRAS AVES.
É MAIS COMUM NO MATO GROSSO DO SUL,
GOIÁS E BAHIA.

ZABELÊ

VIVE NAS MATAS DE MINAS GERAIS E NA CAATINGA
DO NORDESTE. GOSTA DE ANDAR PELO CHÃO
PROCURANDO INSETOS, SEMENTES E PEQUENAS
FRUTAS PARA COMER.

Geraldo Valério

NASCEU EM MINAS GERAIS. SEU TRABALHO
TEM SIDO PUBLICADO EM EDITORAS DO BRASIL,
PORTUGAL, CANADÁ E ESTADOS UNIDOS.

AS ILUSTRAÇÕES DESTE LIVRO FORAM
CRIADAS USANDO-SE A TÉCNICA DE COLAGEM
SOBRE PAPEL.